AF188399

Impressum
Verlag: BABADADA GmbH, Nedderfeld 112 , 22529 Hamburg
Geschäftsführer / Verlagsleitung: Harald Hof
Druck: Books on Demand GmbH, In de Tarpen 42, 22848 Norderstedt

Imprint
Publisher: BABADADA GmbH, Nedderfeld 112 , 22529 Hamburg, Germany
Managing Director / Publishing direction: Harald Hof
Print: Books on Demand GmbH, In de Tarpen 42, 22848 Norderstedt, Germany

1

skola
iskola

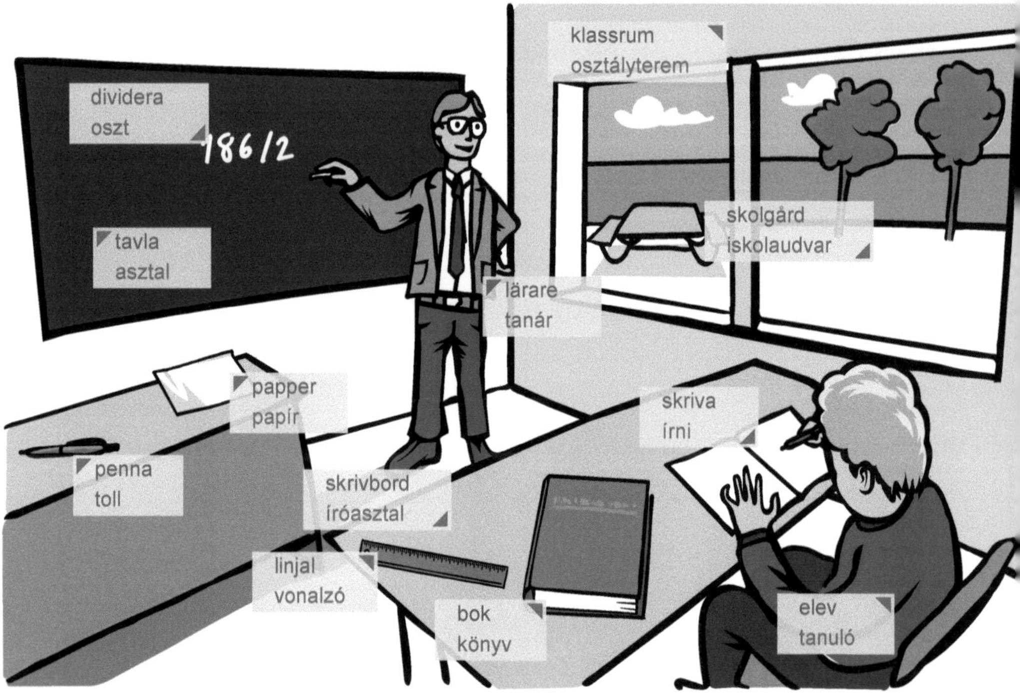
klassrum
osztályterem
dividera
oszt
186/2
tavla
asztal
skolgård
iskolaudvar
lärare
tanár
papper
papír
skriva
írni
penna
toll
skrivbord
íróasztal
linjal
vonalzó
bok
könyv
elev
tanuló

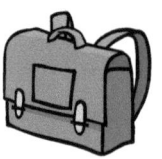

skolväska

iskolatáska

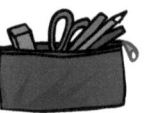

pennfodral

tolltartó

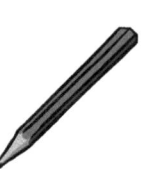

blyertspenna

ceruza

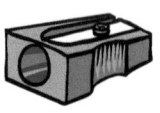

pennvässare

ceruzahegyező

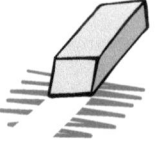

suddgummi

radír

ritblock

rajzfüzet

teckning
rajz

pensel
ecset

målarlåda
festőkészlet

sax
olló

lim
ragasztó

övningsbok
munkafüzet

hemläxa
házi feladat

12

tal
szám

2+2

addera
összead

5-2

subtrahera
kivon

2×2

multiplicera
szoroz

räkna
számol

bokstav
betű

**ABCDEFG
HIJKLMN
OPQRSTU
VWXYZ**

alfabet
ABC

ord
szó

text

....

szöveg

läsa

....

olvasni

krita

....

kréta

lektion

....

tanóra

register

....

napló

prov

....

vizsga

intyg

....

bizonyítvány

skoluniform

....

iskolai egyenruha

utbildning

....

oktatás

uppslagsverk

....

enciklopédia

universitet

....

egyetem

mikroskop

....

mikroszkóp

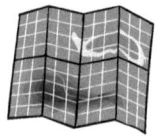

karta

....

térkép

papperskorg

....

papír-hulladék gyűjtő

resa
utazás

hotell
hotel
Grand
vandrarhem
szállás
ROOMS
EXCHANGE
växelkontor
valutaváltó iroda
resväska
bőrönd
bil
autó

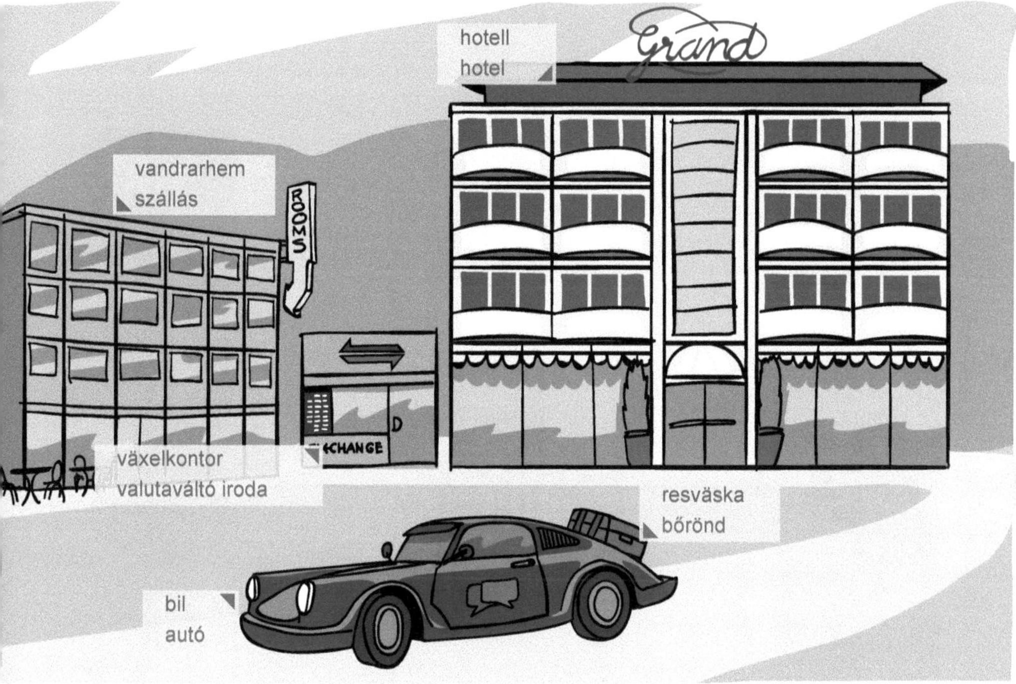

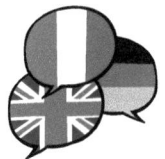

språk
nyelv

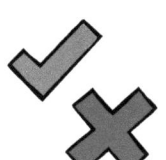

ja / nej
igen/nem

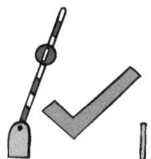

Okay
rendben

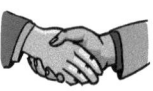

hej
szia

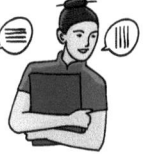

översättare
fordító

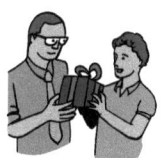

Tack
köszönöm

hur mycket kostar...?

mennyibe kerül...?

jag förstår inte

nem értem

problem

probléma

God kväll!

Jó estét!

God morgon!

jó reggelt!

God natt!

jó éjszakát!

hejdå

viszontlátásra

riktning

útirány

bagage

poggyász

väska

táska

ryggsäck

hátizsák

gäst

vendég

rum

szoba

sovsäck

hálózsák

tält

sátor

turistinformation	strand	kreditkort
turista információ	strand	hitelkártya

frukost	lunch	middag
reggeli	ebéd	vacsora

biljett	hiss	frimärke
jegy	lift	bélyeg

gräns	tull	ambassad
határ	vám	nagykövetség

visum	pass	
vízum	útlevél	

transport
közlekedés

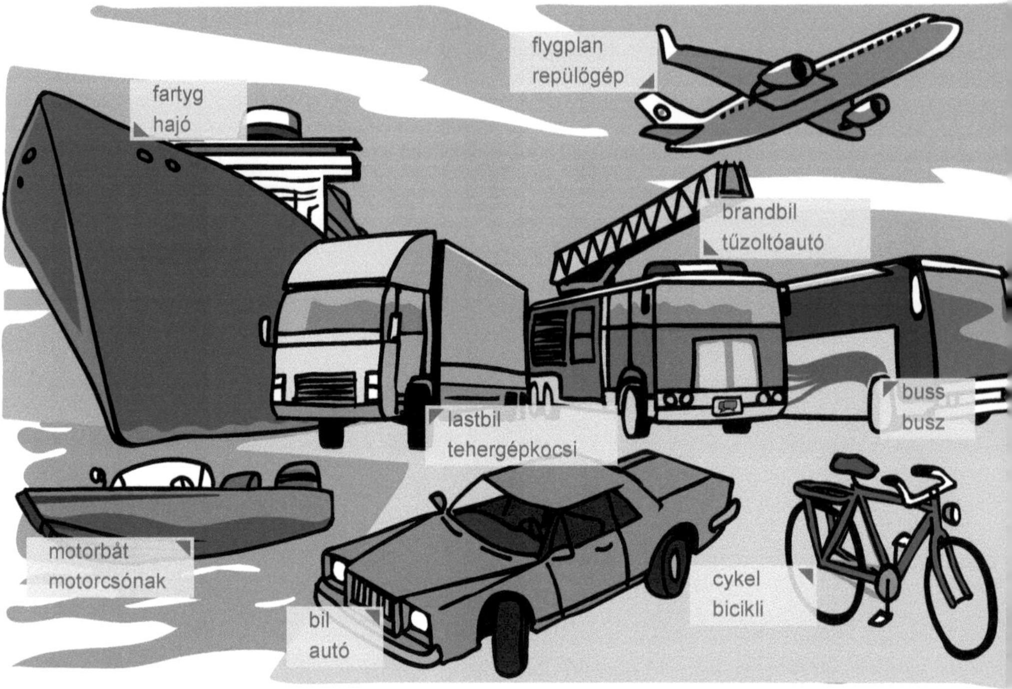
flygplan
repülőgép
fartyg
hajó
brandbil
tűzoltóautó
lastbil
tehergépkocsi
buss
busz
motorbåt
motorcsónak
cykel
bicikli
bil
autó

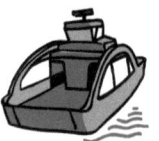

färja

komp

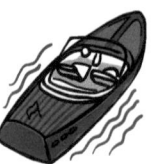

båt

csónak

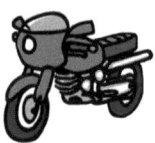

motorcykel

motorkerékpár

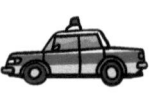

polisbil

rendőrautó

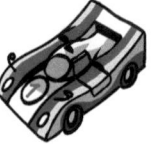

racerbil

versenyautó

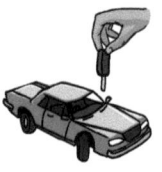

hyrbil

bérautó

bilpool

telekocsi

bärgningsbil

vontató

sopbil

szemetes autó

motor

motor

bränsle

üzemanyag

bensinstation

benzinkút

vägmärke

közlekedési tábla

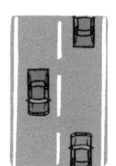

trafik

forgalom

bilkö

forgalmi dugó

parkeringsplats

parkoló

tågstation

vonatállomás

räls

sínek

tåg

vonat

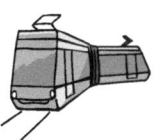

spårvagn

villamos

vagn

vagon

helikopter

helikopter

flygplats

repülőtér

torn

torony

passagerare

utas

container

konténer

kartong

kartondoboz

vagn

taliga

korg

kosár

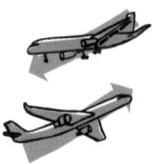

starta / landa

felszáll / leszáll

stad
város

by

falu

centrum

városközpont

hus

ház

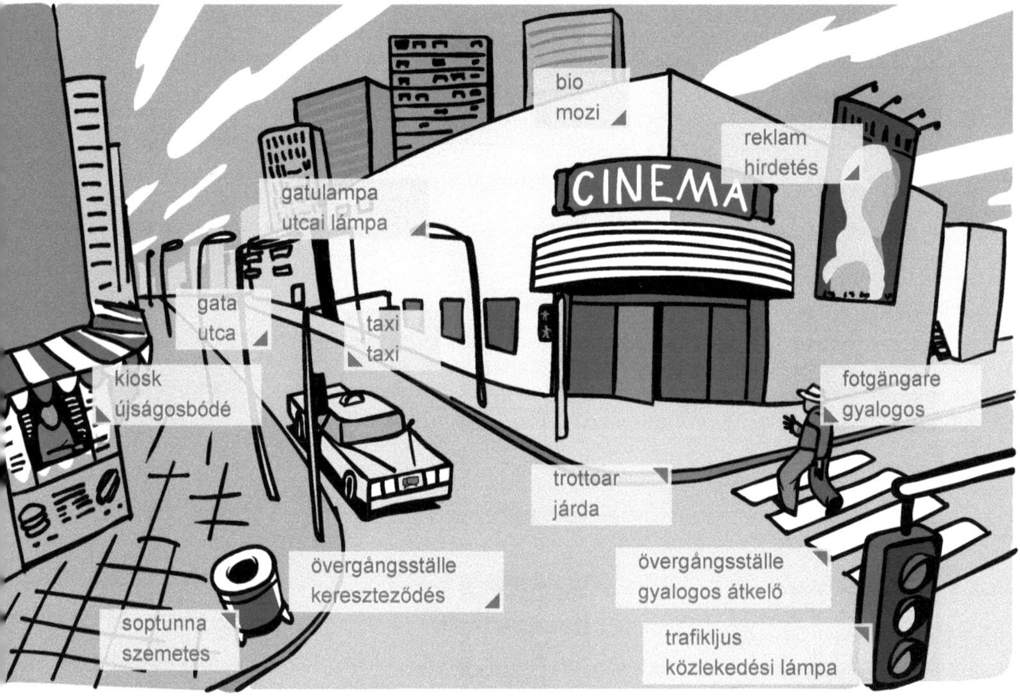

Városi illusztráció

bio / mozi

reklam / hirdetés

gatulampa / utcai lámpa

CINEMA

gata / utca

taxi / taxi

kiosk / újságosbódé

fotgängare / gyalogos

trottoar / járda

övergångsställe / kereszteződés

övergångsställe / gyalogos átkelő

soptunna / szemetes

trafikljus / közlekedési lámpa

stuga

kunyhó

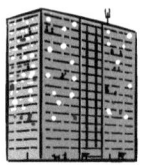

lägenhet

lakás

tågstation

vonatállomás

stadshus

városháza

museum

múzeum

skola

iskola

universitet

egyetem

bank

bank

sjukhus

kórház

hotell

hotel

apotek

gyógyszertár

kontor

iroda

bokhandel

könyvesbolt

affär

üzlet

blomsterbutik

virágüzlet

stormarknad

szupermarket

marknad

piac

varuhus

áruház

fiskhandlare

halárus

köpcentrum

bevásárló központ

hamn

kikötő

stad - város

park
park

bänk
pad

brygga
híd

trappa
lépcső

tunnelbana
metró

tunnel
alagút

busshållplats
buszmegálló

bar
bár

restaurang
étterem

brevlåda
postaláda

gatuskylt
utcatábla

parkeringsautomat
parkoló óra

zoo
állatkert

simbassäng
uszoda

moské
mecset

bondgård
....
gazdálkodás

förorening
....
környezetszennyezés

kyrkogård
....
temető

kyrka
....
templom

lekplats
....
játszótér

tempel
....
szentély

landskap
táj

löv
levél

vägskylt
útjelző tábla

väg
út

äng
rét

sten
kő

liftare
túrázó

träd
fa

flod
folyó

gräs
fü

blomma
virág

dal
....
völgy

kulle
....
domb

sjö
....
tó

skog
....
erdő

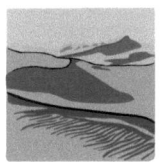

öken
....
sivatag

vulkan
....
vulkán

slott
....
kastély

regnbåge
....
szivárvány

svamp
....
gomba

palm
....
pálmafa

mygga
....
szúnyog

fluga
....
légy

myra
....
hangya

bi
....
méhecske

spindel
....
pók

skalbagge

bogár

groda

béka

ekorre

mókus

igelkott

sündisznó

hare

nyúl

uggla

bagoly

fågel

madár

svan

hattyú

vildsvin

vaddisznó

rådjur

szarvas

älg

rénszarvas

damm

gát

vindkraftverk

szélturbina

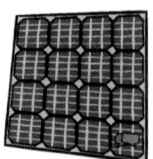

solcellspanel

napelem

klimat

éghajlat

restaurang
étterem

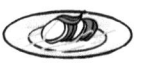

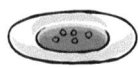

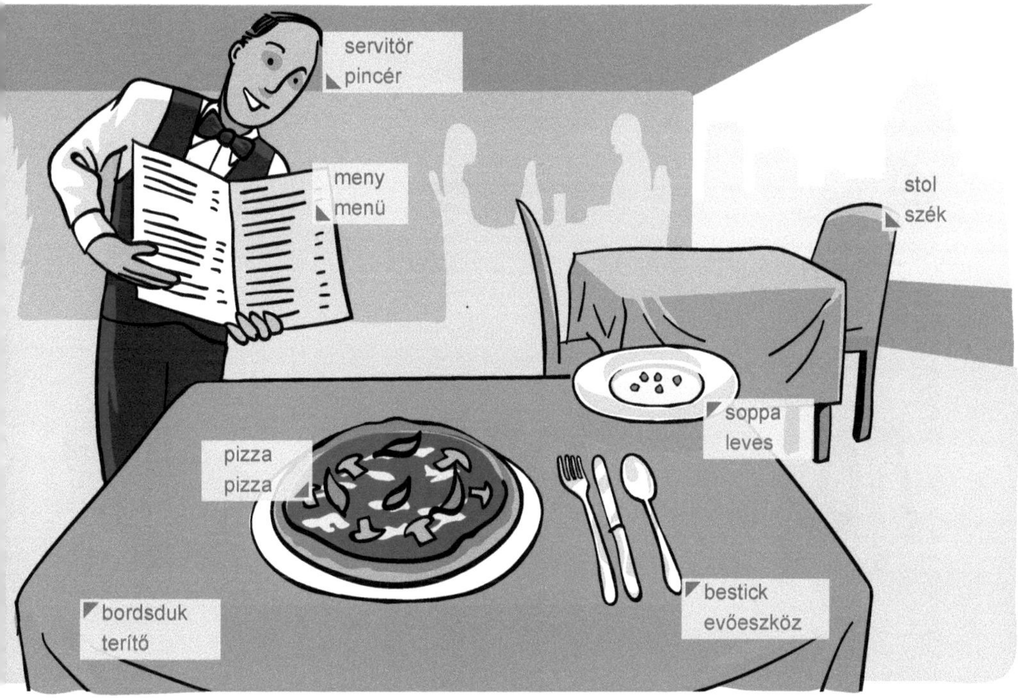
servitör
pincér
meny
menü
stol
szék
soppa
leves
pizza
pizza
bestick
evőeszköz
bordsduk
terítő

förrätt
....
előétel

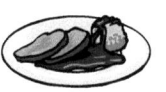

huvudrätt
....
főétel

dessert
....
desszert

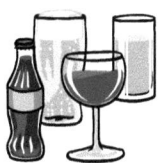

drycker
....
italok

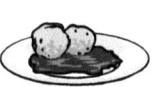

mat
....
étel

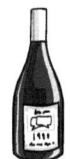

flaska
....
üveg

snabbmat

gyorsétel

street food

gyorsétel

tekanna

teás kanna

sockerskål

cukortartó

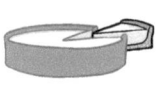

portion

adag

espressomaskin

eszpresszógép

barnstol

bárszék

räkning

számla

bricka

tálca

kniv

kés

gaffel

villa

sked

kanál

tesked

teáskanál

servett

szalvéta

glas

pohár

restaurang - étterem

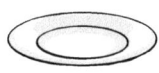

tallrik

tányér

sopptallrik

leveses tányér

tefat

csészealj

sås

szósz

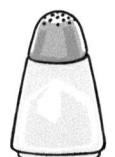

saltkar

sószóró

pepparkvarn

borsőrlő

vinäger

ecet

olja

étkezési olaj

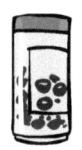

kryddor

fűszerek

ketchup

ketchup

senap

mustár

majonnäs

majonéz

stormarknad
szupermarket

specialerbjudande
különleges ajánlat
FOR
kund
ügyfél
mejeriprodukter
tejtermék
frukt
gyümölcsök
varukorg
bevásárló kocsi

BUTCHERS

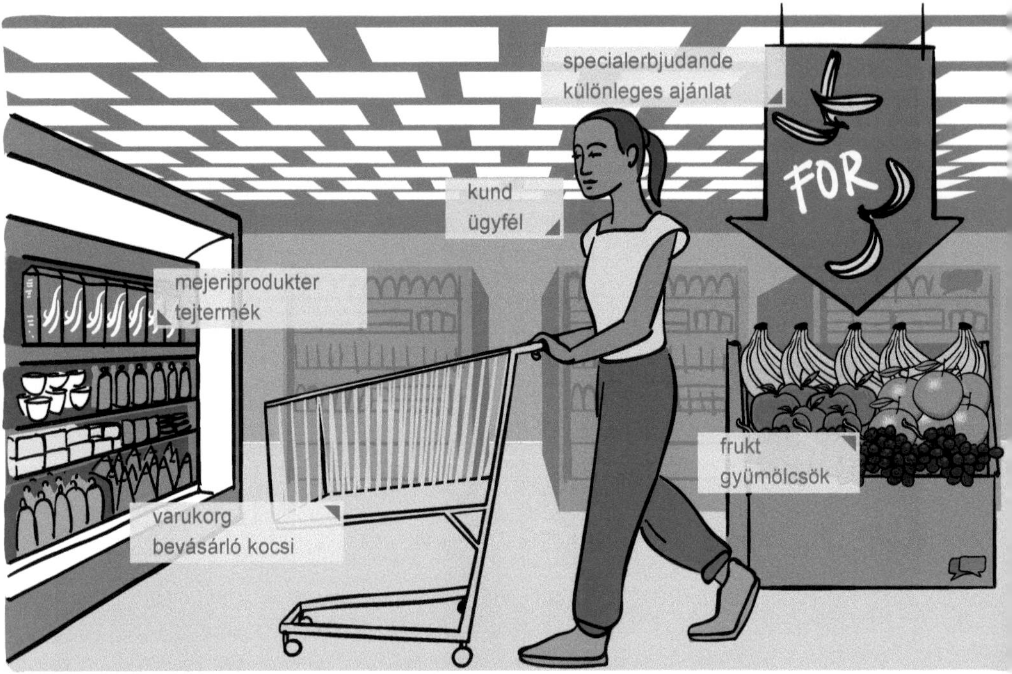

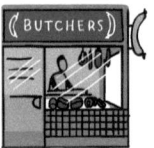

charkuteri

hentes

BAKERY

bageri

pékség

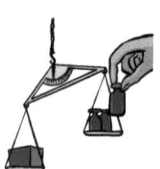

väga

nyom valamennyit

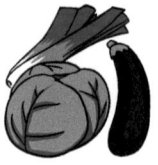

grönsaker

zöldség

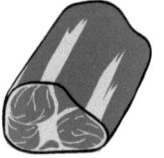

kött

hús

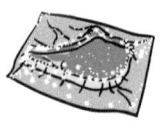

frysta livsmedel

fagyasztott áru

pålägg

felvágott

konserver

konzerv

tvättmedel

mosópor

godis

édességek

hushållsprodukter

háztartási termék

rengöringsmedel

tisztítószerek

försäljare

eladó

kassa

pénztárgép

kassör

eladó

inköpslista

bevásárló lista

öppettider

nyitva tartás

plånbok

levéltárca

kreditkort

hitelkártya

väska

zacskó

plastpåse

műanyag zacskó

vatten

víz

juice

gyümölcslé

mjölk

tej

cola

kóla

vin

bor

öl

sör

alkohol

alkohol

kakao

kakaó

te

tea

kaffe

kávé

espresso

eszpresszó

cappuccino

kapucsínó

banan

banán

äpple

alma

apelsin

narancs

melon

sárgadinnye

citron

citrom

morot

sárgarépa

vitlök

fokhagyma

bambu

bambusz

lök

hagyma

svamp

gomba

nötter

magvak

nudlar

nokedli

spaghetti

spagetti

ris

rizs

sallad

saláta

pommes frites

sült krumpli

stekt potatis

sült burgonya

pizza

pizza

hamburgare

hamburger

smörgås

szendvics

schnitzel

hússzelet

skinka

sonka

salami

szalámi

korv

kolbász

kyckling

csirke

stek

pecsenye

fisk

hal

havregryn

zabkása

müsli

müzli

cornflakes

kukoricapehely

mjöl

liszt

croissant

croissant

fralla

zsemle

bröd

kenyér

rostat bröd

pirítós kenyér

kex

keksz

smör

vaj

kvarg

túró

kaka

sütemény

ägg

tojás

stekt ägg

tükörtojás

ost

sajt

glass

jégkrém

socker

cukor

honung

méz

sylt

lekvár

nougatkräm

mogyorókrém

curry

curry

bondgård
gazdálkodás

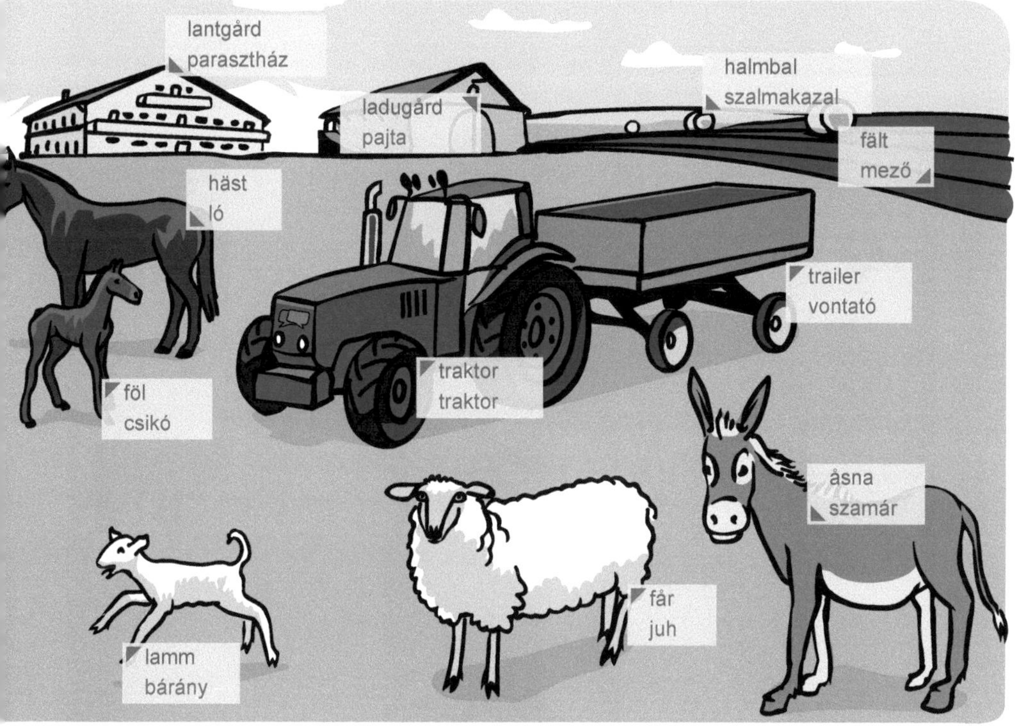

lantgård
parasztház
ladugård
pajta
halmbal
szalmakazal
fält
mező
häst
ló
trailer
vontató
traktor
traktor
föl
csikó
åsna
szamár
får
juh
lamm
bárány

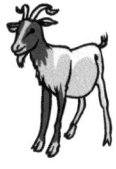

get

kecske

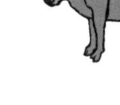

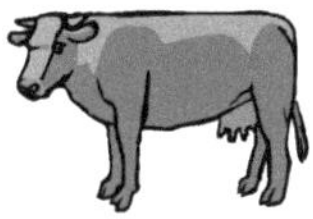

ko

tehén

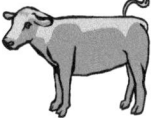

kalv

borjú

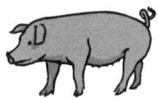

gris

malac

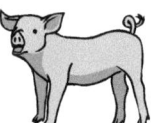

griskulting

kismalac

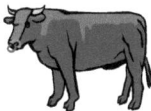

tjur

bika

gås
liba

anka
kacsa

kyckling
csibe

höna
tojó

tupp
kakas

råtta
patkány

katt
macska

mus
egér

oxe
ökör

hund
kutya

hundkoja
kutyaház

trädgårdsslang
kerti öntözőcső

vattenkanna
öntözőkanna

lie
kasza

plog
eke

skära
sarló

hacka
kapa

högaffel
vasvilla

yxa
fejsze

skottkärra
talicska

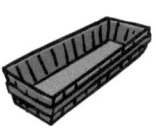

tråg
teknö

mjölkflaska
tejes kancsó

säck
zsák

staket
kerítés

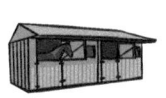

stall
istálló

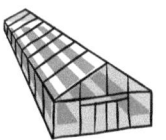

växthus
üvegház

jord
talaj

säd
vetőmag

gödsel
trágya

skördetröska
cséplőgép

skörda

szüretelni

skörd

betakarítás

jams

yamgyökér

vete

búza

soja

szója

potatis

burgonya

majs

kukorica

raps

repcemag

fruktträd

gyümölcsfa

maniok

manióka

spannmål

gabona

hus
ház

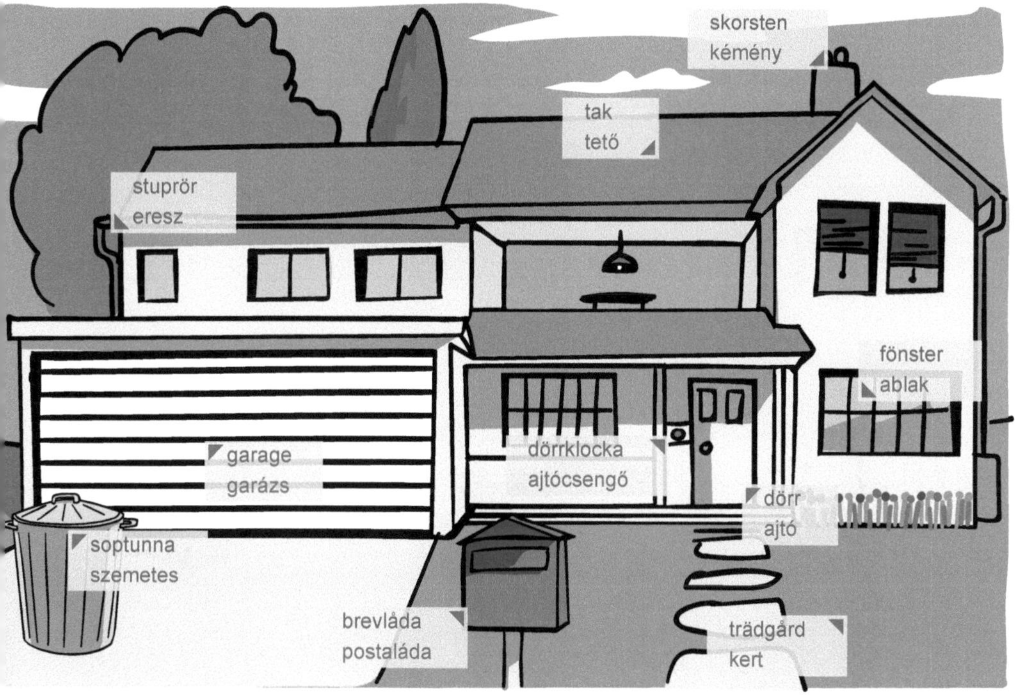
skorsten
kémény
tak
tető
stuprör
eresz
fönster
ablak
garage
garázs
dörrklocka
ajtócsengő
dörr
ajtó
soptunna
szemetes
brevlåda
postaláda
trädgård
kert

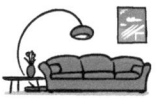

vardagsrum
nappali

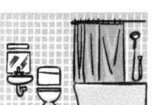

badrum
fürdőszoba

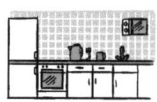

kök
konyha

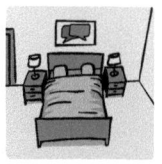

sovrum
hálószoba

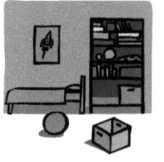

barnrum
gyerekszoba

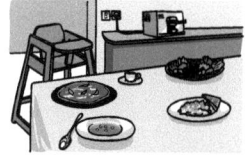

matsal
ebédlő

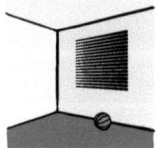

golv
padló

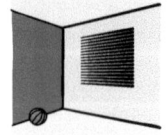

vägg
fal

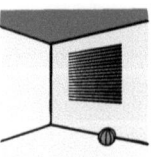

tak
plafon

källare
pince

bastu
szauna

balkong
erkély

terrass
terasz

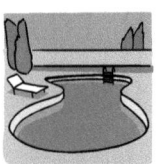

bassäng
medence

gräsklippare
fűnyíró

lakan
lepedő

överkast
ágytakaró

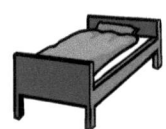

säng
ágy

kvast
seprű

hink
vödör

strömbrytare
kapcsoló

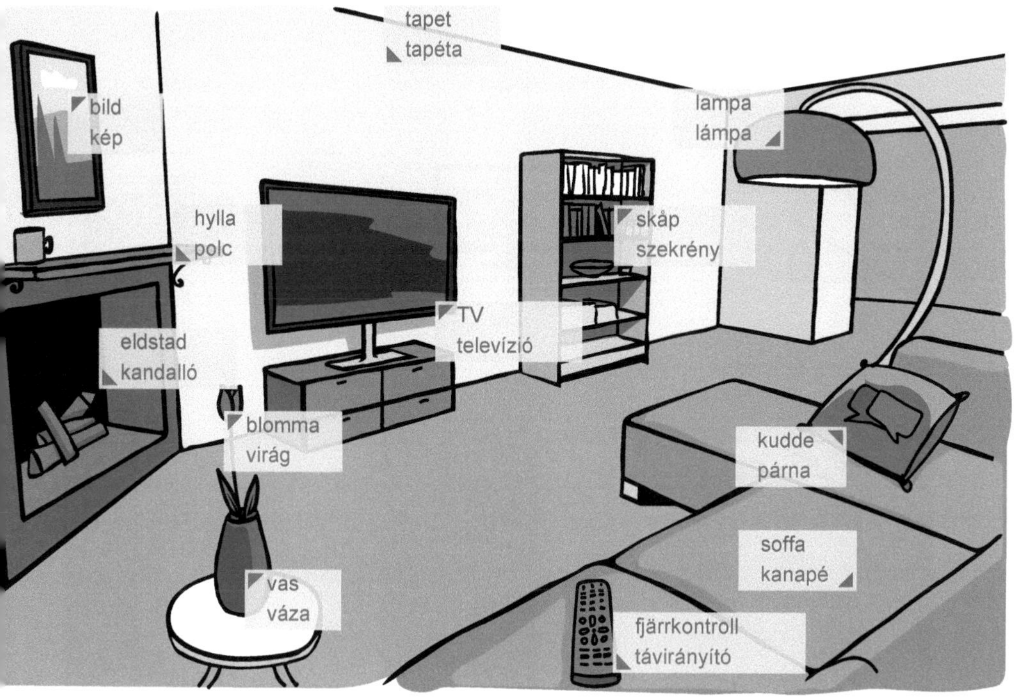

tapet
tapéta

bild
kép

lampa
lámpa

hylla
polc

skåp
szekrény

eldstad
kandalló

TV
televízió

blomma
virág

kudde
párna

soffa
kanapé

vas
váza

fjärrkontroll
távirányító

matta
szőnyeg

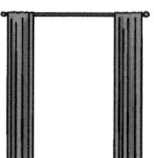

gardin
függöny

bord
asztal

stol
szék

gungstol
hintaszék

fåtölj
karosszék

bok
....
könyv

filt
....
takaró

dekoration
....
dekoráció

vedträ
....
tűzifa

film
....
film

stereoanläggning
....
hifi

nyckel
....
kulcs

dagstidning
....
újság

målning
....
festmény

poster
....
poszter

radio
....
rádió

anteckningsbok
....
jegyzetfüzet

dammsugare
....
porszívó

kaktus
....
kaktusz

stearinljus
....
gyertya

kök
konyha

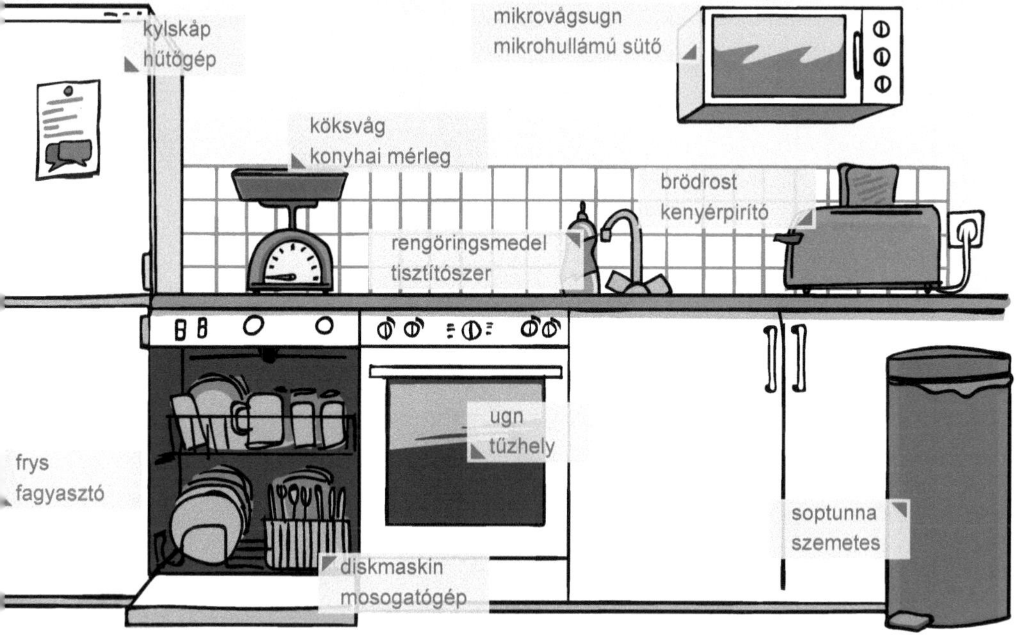
kylskåp
hűtőgép
mikrovågsugn
mikrohullámú sütő
köksvåg
konyhai mérleg
brödrost
kenyérpirító
rengöringsmedel
tisztítószer
ugn
tűzhely
frys
fagyasztó
soptunna
szemetes
diskmaskin
mosogatógép

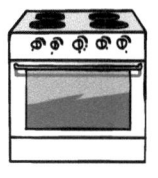

spis
....
tűzhely

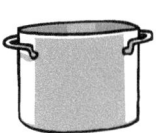

kastrull
....
edény

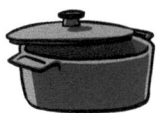

järngryta
....
vasfazék

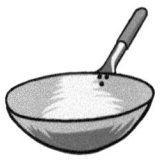

wok / kadai
....
wok / kadai

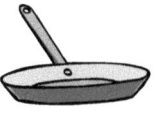

stekpanna
....
serpenyő

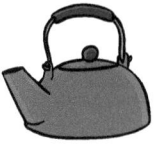

vattenkokare
....
vízforraló

ångkokare

pároló

bakplåt

tepsi

porslin

étkészlet

mugg

bögre

skål

tálka

ätpinnar

evőpálcika

soppslev

merőkanál

stekspade

keverőlapátka

visp

habverő

durkslag

szűrő

sil

szita

rivjärn

reszelő

mortel

mozsár

grill

grillsütő

brasa

kandalló

skärbräda

vágódeszka

kavel

sodrófa

korkskruv

dugóhúzó

burk

doboz

burköppnare

konzervnyitó

grytlapp

edényfogó

vask

mosogató

borste

kefe

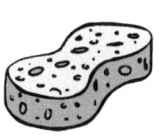

svamp

szivacs

mixer

turmixgép

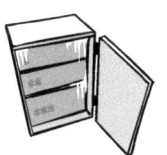

frys

mélyhűtő

nappflaska

cumisüveg

kran

csap

badrum
fürdőszoba

värme
fűtés
handduk
törölköző
dusch
zuhany
duschdraperi
zuhanyfüggöny
bubbelbad
habfürdő
badkar
kád
glas
pohár
tvättmaskin
mosógép
kran
csap
kakel
csempe
potta
bili
vask
mosogató

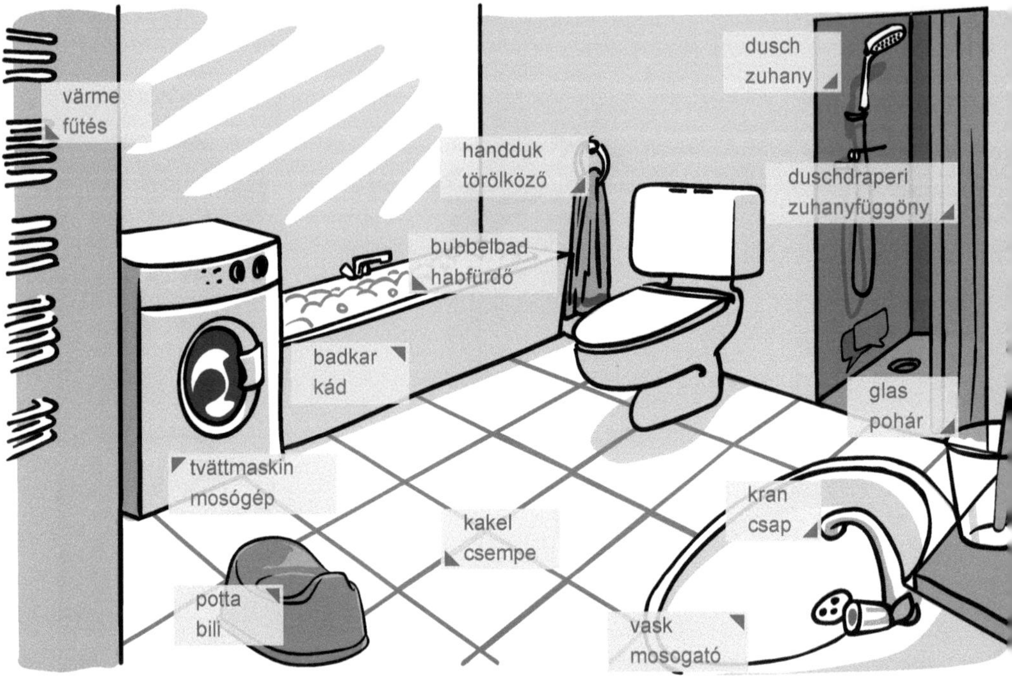

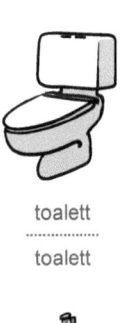

toalett
toalett

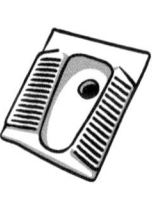

låg toalett
guggolós toalett

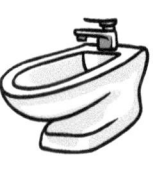

bidet
bidé

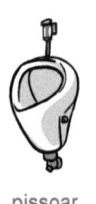

pissoar
piszoár

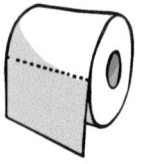

toalettpapper
toalett papír

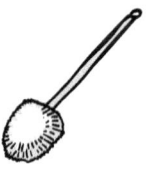

toalettborste
wc kefe

tandborste

fogkefe

tandkräm

fogkrém

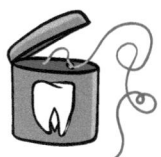

tandtråd

fogselyem

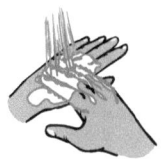

tvätta

mosni

handdusch

kézi zuhany

intimdusch

intimzuhany

handfat

mosdótál

ryggborste

hátmosó kefe

tvål

szappan

duschgel

tusfürdő

schampo

sampon

trasa

mosdókesztyű

avlopp

lefolyó

crème

krém

deodorant

dezodor

spegel
tükör

handspegel
kézitükör

rakhyvel
borotva

raklödder
borotvahab

rakvatten
borotválkozás utáni
arcszesz

kam
fésű

borste
hajkefe

hårtork
hajszárító

hårspray
hajlakk

smink
smink

läppstift
ajakrúzs

nagellack
körömlakk

bomullsvadd
vatta

nagelsax
körömvágó olló

parfym
parfüm

necessär

neszesszer

pall

sámli

våg

mérleg

badrock

köntös

gummihandskar

gumikesztyü

tampong

tampon

binda

egészségügyi betét

kemisk toalett

vegyi WC

barnrum
gyerekszoba

väckarklocka
ébresztő óra
gosedjur
plüssállat
leksaksbil
játékautó
skallra
csörgő
dockhus
babaház
present
ajándék

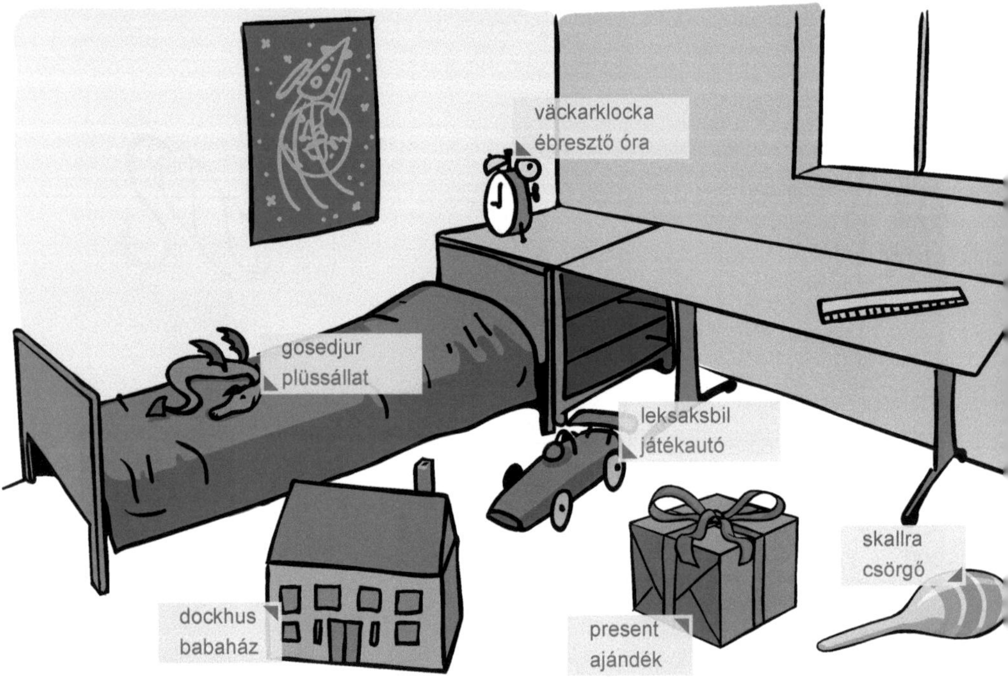

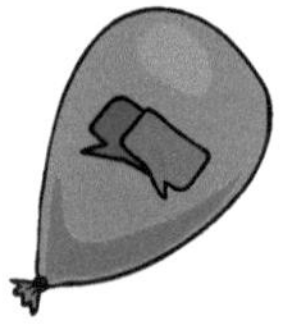

ballong

lufi

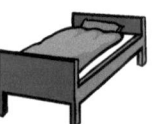

säng

ágy

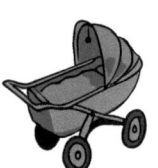

barnvagn

babakocsi

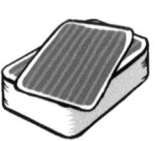

kortlek

kártyapakli

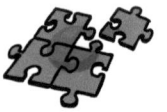

pussel

kirakós játék

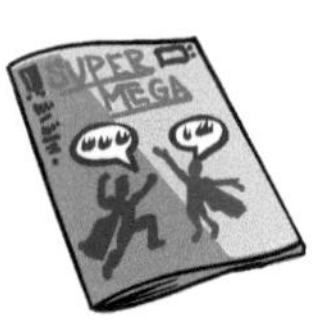

serietidning

képregény

legobitar
építőkockák

klossar
építőelem

actionfigur
szuperhős

sparkdräkt
rugdalózó

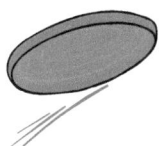

frisbee
frizbi

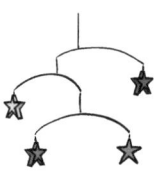

mobil
zenélő forgó

brädspel
társasjáték

tärning
kocka

modelljärnväg
modellvasút

napp
cumi

party
zsúr

bilderbok
képeskönyv

boll
labda

docka
baba

spela
játszani

sandlåda

homokozó

gunga

hinta

leksaker

játékok

spelkonsol

videójáték konzol

trehjuling

tricikli

nalle

teddi maci

garderob

ruhásszekrény

kläder

ruházat

sockar

zokni

strumpor

harisnya

tights

harisnyanadrág

halsduk
sál

paraply
esernyő

t-shirt
póló

bälte
öv

stövlar
csizma

tofflor
papucs

sneakers
tornacipő

sandaler

szandál

skor

cipő

gummistövlar

gumicsizma

underbyxor

alsónadrág

BH

melltartó

linne

mellény

kläder - ruházat

body

body

byxor

nadrág

jeans

farmer

kjol

szoknya

blus

blúz

skjorta

ing

pullover

pulóver

sweater

kapucnis pulóver

blazer

blézer

jacka

dzseki

kappa

kabát

regnjacka

esőkabát

dräkt

kosztüm

klänning

ruha

bröllopsklänning

esküvői ruha

kostym
öltöny

nattlinne
hálóing

pyjamas
pizsama

sari
szári

slöja
fejkendö

turban
turbán

burka
burka

kaftan
kaftán

abaya
abaya

baddräkt
fürdőruha

badbyxor
fürdőnadrág

shorts
rövidnadrág

träningsoverall
tréningruha

förkläde
kötény

handskar
kesztyű

knapp

gomb

glasögon

szemüveg

armband

karkötő

halsband

nyaklánc

ring

gyűrű

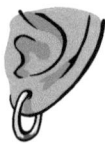

örhänge

fülbevaló

mössa

sapka

galge

vállfa

hatt

kalap

slips

nyakkendő

dragkedja

cipzár

hjälm

bukósisak

hängslen

nadrágtartó

skoluniform

iskolai egyenruha

uniform

egyenruha

kläder - ruházat

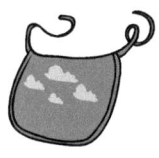

haklapp

előke

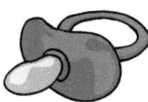

napp

cumi

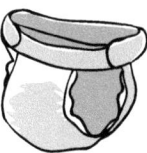

blöja

pelenka

kontor

iroda

server
szerver
dokumentskåp
irattartó szekrény
skrivare
nyomtató
papper
papír
bildskärm
képernyő
skrivbord
íróasztal
mus
egér
mapp
mappa
tangentbord
billentyűzet
papperskorg
papír-hulladék gyűjtő
dator
számítógép
stol
szék

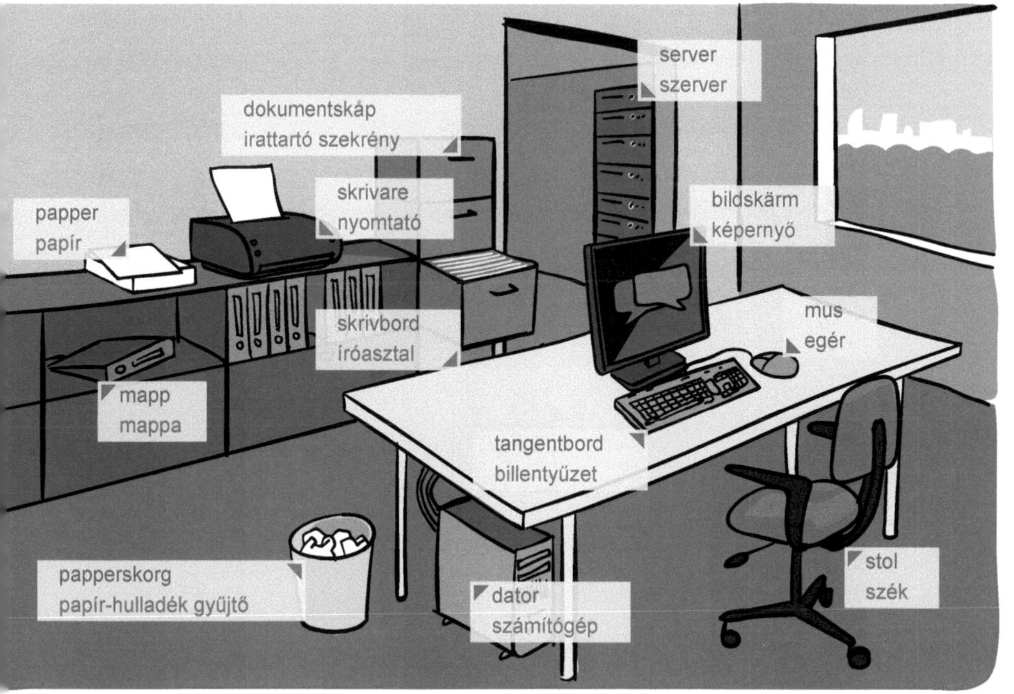

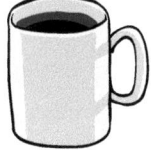

kaffemugg

kávéscsésze

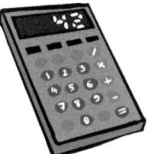

miniräknare

számológép

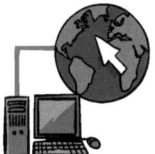

internet

internet

bärbar dator	brev	meddelande
laptop	levél	üzenet

mobiltelefon	nätverk	kopieringsapparat
mobiltelefon	hálózat	fénymásoló

programvara	telefon	vägguttag
szoftver	telefon	konnektor
	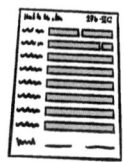	
fax	blankett	dokument
faxgép	formanyomtatvány	dokumentum

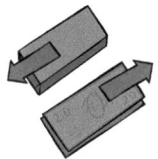

köpa
venni

betala
fizetni

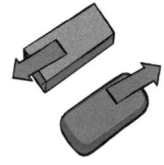

handla
kereskedni

pengar
pénz

USD

dollar
dollár

EUR

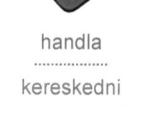

euro
euró

JPY

yen
jen

RUB

rubel
rubel

CHF

schweizisk franc
svájci frank

CNY

renminbi yan
kínai jüan

INR

rupie
rúpia

bankomat
bankautomata

växelkontor

valutaváltó iroda

guld

arany

silver

ezüst

olja

olaj

energi

energia

pris

ár

kontrakt

szerződés

skatt

adó

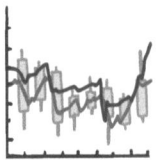

aktie

részvény

arbeta

dolgozni

anställd

munkavállaló

arbetsgivare

munkaadó

fabrik

gyár

affär

üzlet

ekonomi - gazdaság

polis
rendőr

brandman
tűzoltó

kock
szakács

läkare
orvos

pilot
pilóta

trädgårdsmästare

kertész

snickare

kárpitos

sömmerska

varrónő

domare

bíró

kemist

vegyész

skådespelare

színész

busschaufför

buszsofőr

taxichaufför

taxisofőr

fiskare

halász

städerska

bejárónő

takläggare

tetőfedő

servitör

pincér

jägare

vadász

målare

festő

bagare

pék

elektriker

villanyszerelő

byggarbetare

építőmunkás

ingenjör

mérnök

slaktare

hentes

rörmokare

vízvezeték-szerelő

brevbärare

postás

soldat
katona

arkitekt
építész

kassör
eladó

florist
virágos

frisör
fodrász

konduktör
kalauz

mekaniker
műszerész

kapten
kapitány

tandläkare
fogorvos

vetenskapsman
tudós

rabbin
rabbi

imam
imám

munk
szerzetes

präst
lelkész

verktyg
szerszámok

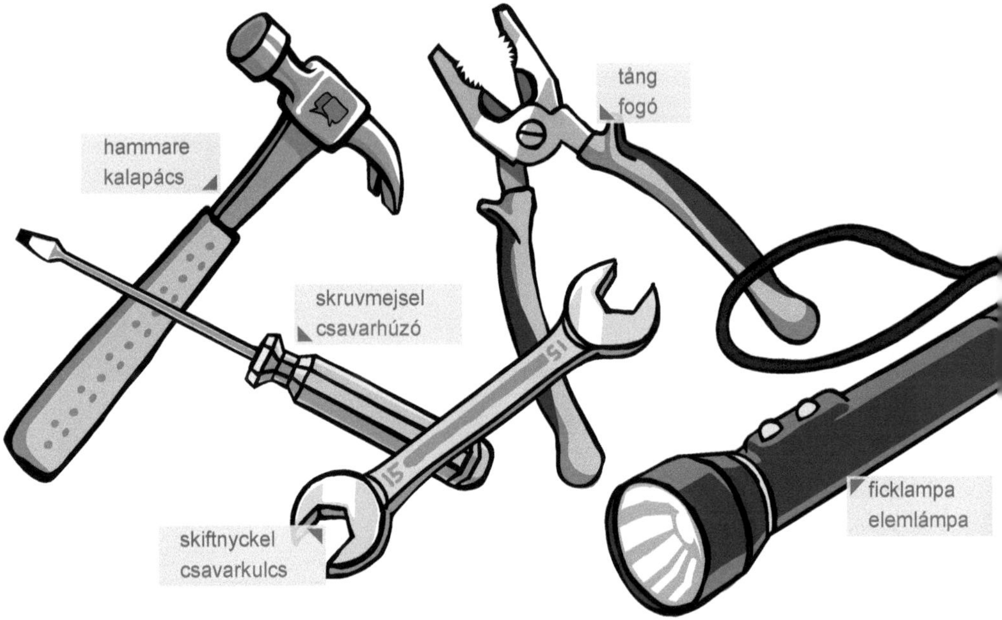

hammare
kalapács
tång
fogó
skruvmejsel
csavarhúzó
skiftnyckel
csavarkulcs
ficklampa
elemlámpa

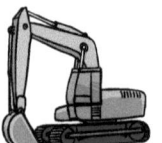

grävmaskin
markológép

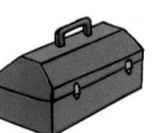

verktygslåda
szerszámosláda

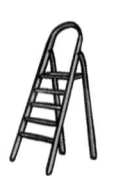

stege
vödör

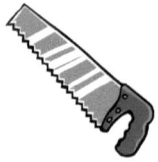

såg
fűrész

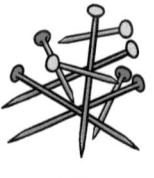

spik
szög

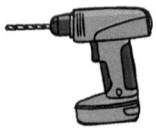

borr
fúrógép

reparera

megjavítani

spade

lapát

Helvete!

A francba!

sopskyffel

szemétlapát

färgburk

festékesdoboz

skruvar

csavar

musikinstrument
hangszerek

högtalare
hangszóró

trummor
dobfelszerelés

kontrabas
nagybőgő

trumpet
trombita

gitarr
gitár

piano

zongora

violin

hegedű

bas

basszusgitár

timpani

üstdob

trumma

dobok

keyboard

digitális zongora

saxofon

szaxofon

flöjt

fuvola

mikrofon

mikrofon

musikinstrument - hangszerek

zoo
állatkert

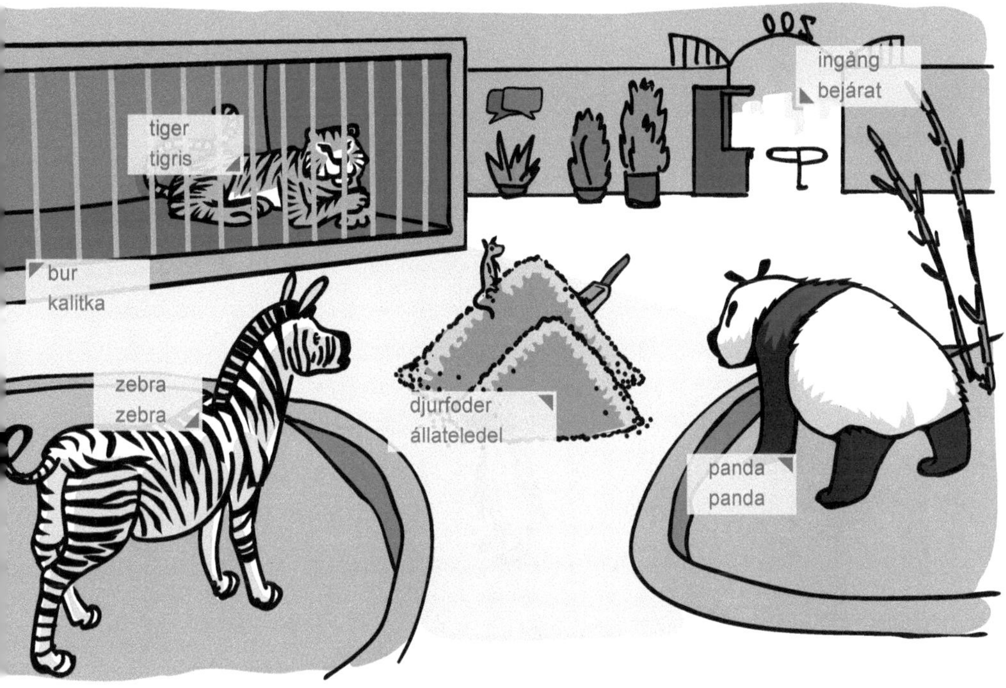

tiger
tigris
bur
kalitka
zebra
zebra
djurfoder
állateledel
panda
panda
ingång
bejárat

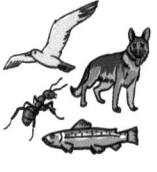

djur

állatok

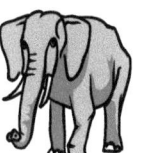

elefant

elefánt

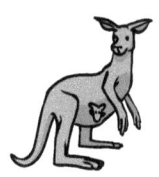

känguru

kenguru

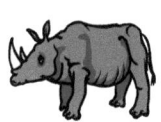

noshörning

orrszarvú

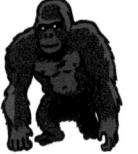

gorilla

gorilla

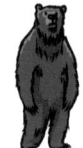

björn

medve

kamel

teve

struts

strucc

lejon

oroszlán

apa

majom

flamingo

flamingó

papegoja

papagáj

isbjörn

jegesmedve

pingvin

pingvin

haj

cápa

påfågel

páva

orm

kígyó

krokodil

krokodil

djurskötare

állatgondozó

säl

fóka

jaguar

jaguár

ponny
póniló

leopard
leopárd

flodhäst
víziló

giraff
zsiráf

örn
sas

vildsvin
vaddisznó

fisk
hal

sköldpadda
teknős

valross
rozmár

räv
róka

gazell
gazella

amerikansk fotboll
amerikai futball

cykling
kerékpározás

tennis
tenisz

basket
kosárlabda

simning
úszás

boxning
boksz

ishockey
jégkorong

fotboll
futball

badminton
tollas

friidrott
atlétika

handboll
kézilabda

skidåkning
síelés

polo
lovaspóló

aktiviteter
tevékenységek

skratta
nevetni
hoppa
ugrani
krama
ölelni
gå
sétálni
sjunga
énekelni
drömma
álmodni
be
dicsérni
kyssa
csókolni

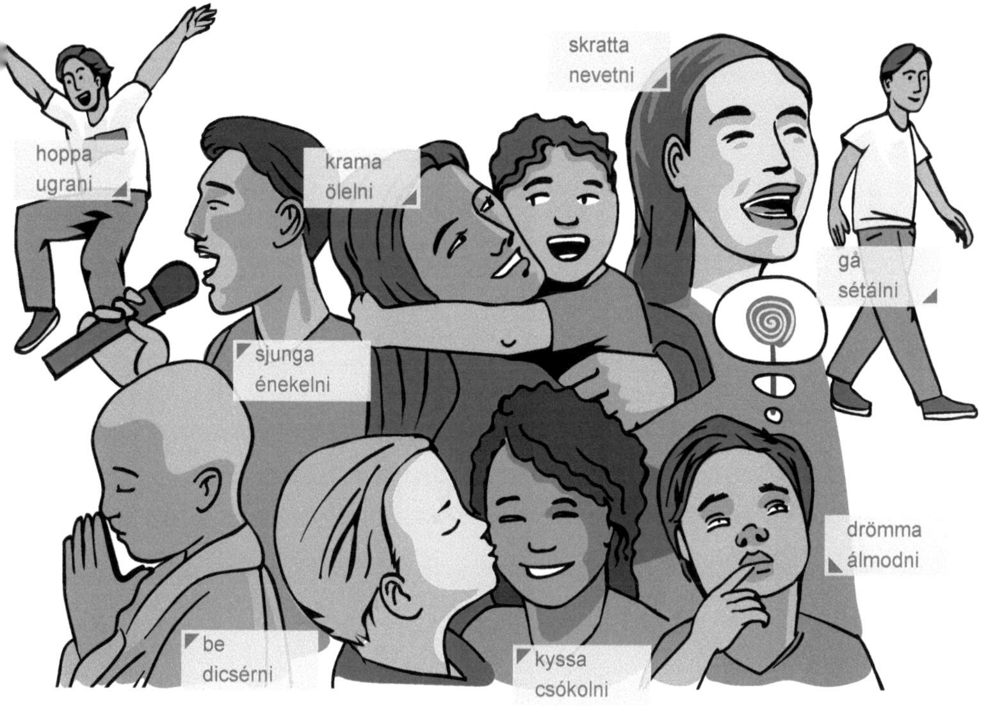

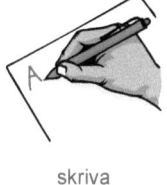

skriva

írni

rita

rajzolni

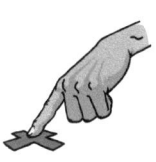

visa

mutatni

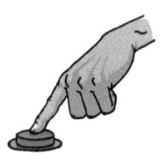

skjuta

tolni

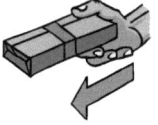

ge

adni

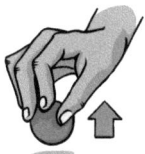

ta

vinni

hagel

birtokolni

göra

csinálni

vara

lenni

stå

állni

springa

futni

dra

húzni

kasta

hajít

falla

esni

ligga

hazudni

vänta

várni

bära

vinni

sitta

ülni

klä på

felvenni

sova

aludni

vakna

felébredni

se på
....
ránézni

gråta
....
sírni

smeka
....
simogat

kamma
....
fésülni

prata
....
beszélni

förstå
....
megérteni

fråga
....
kérdezni

höra
....
hallgatni

dricka
....
inni

äta
....
enni

städa
....
takarítani

älska
....
szeretni

laga mat
....
főzni

köra
....
vezetni

flyga
....
szállni

segla
....
vitorlázni

räkna
....
számol

läsa
....
olvasni

lära sig
....
tanulni

arbeta
....
dolgozni

gifta sig
....
házasodni

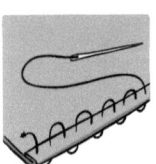

sy
....
varrni

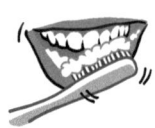

borsta tänderna
....
fogat mosni

döda
....
ölni

röka
....
dohányozni

skicka
....
küldeni

mormor/farmor
nagymama

morfar/farfar
nagypapa

pappa
apa

mamma
anya

baby
kisbaba

dotter
lány

son
fiú

gäst
vendég

moster/faster
nagynéni

farbror/morbror
nagybácsi

bror
fiútestvér

syster
lánytestvér

kropp
test

panna
homlok
öga
szem
skuldra
váll
finger
ujj
ansikte
arc
haka
áll
hand
kéz
ben
láb
bröst
mell
arm
kar

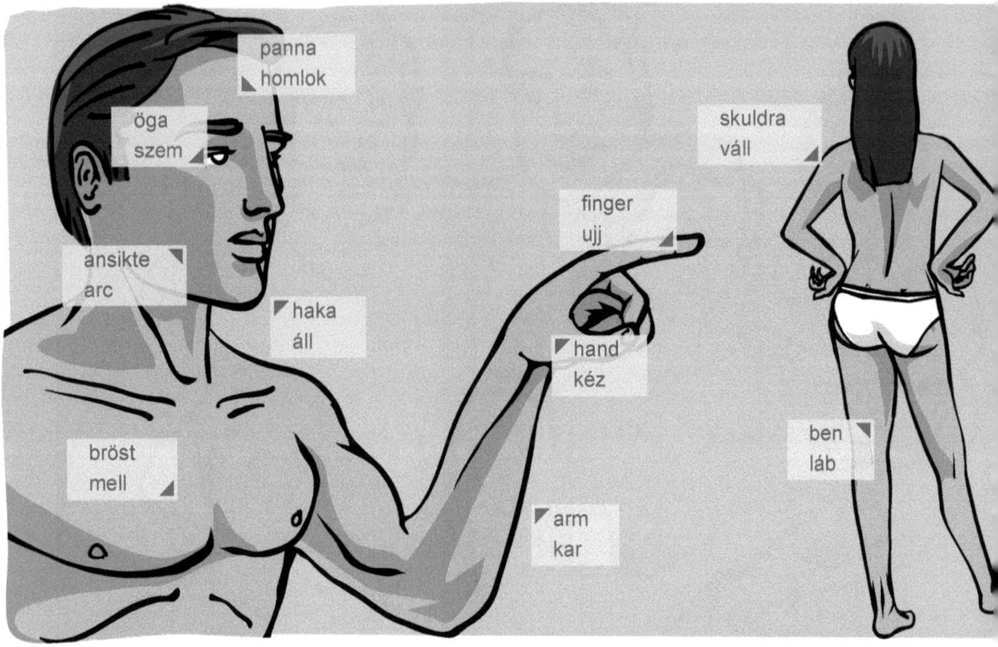

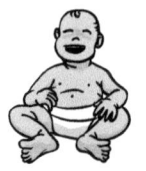

baby
kisbaba

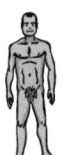

man
ember

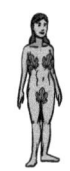

kvinna
nő

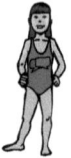

flicka
lány

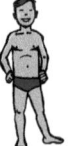

pojke
fiú

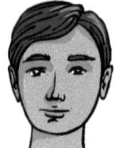

huvud
fej

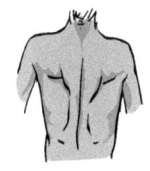

rygg
....
hát

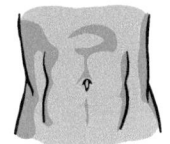

mage
....
has

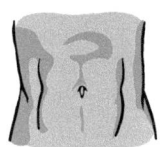

navel
....
köldök

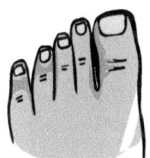

tå
....
lábujj

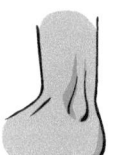

häl
....
sarok

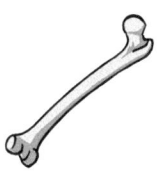

ben
....
csont

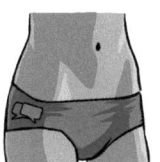

höft
....
csípő

knä
....
térd

armbåge
....
könyök

näsa
....
orr

stjärt
....
fenék

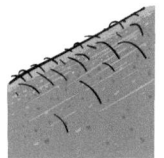

hud
....
bőr

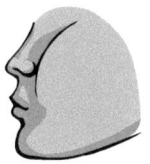

kind
....
orca

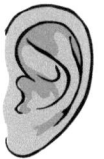

öra
....
fül

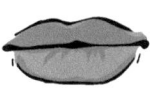

läpp
....
ajak

kropp - test

mun

szbj
....
száj

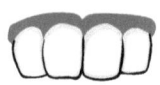

tand
....
fog

tunga
....
nyelv

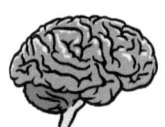

hjärna
....
agy

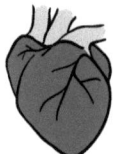

hjärta
....
szív

muskel
....
izom

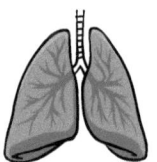

lunga
....
tüdő

lever
....
máj

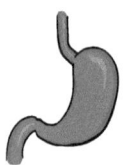

magsäck
....
gyomor

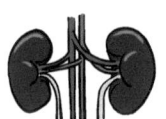

njurar
....
vese

sex
....
szex

kondom
....
kondom

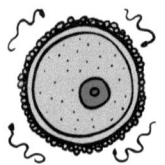

äggcell
....
petesejt

sperma
....
sperma

graviditet
....
terhesség

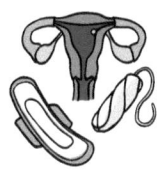

menstruation

menstruáció

vagina

vagina

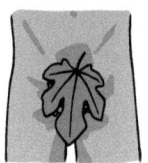

penis

pénisz

ögonbryn

szemöldök

hår

haj

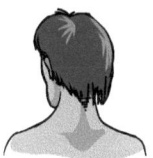

nacke

nyak

sjukhus
kórház

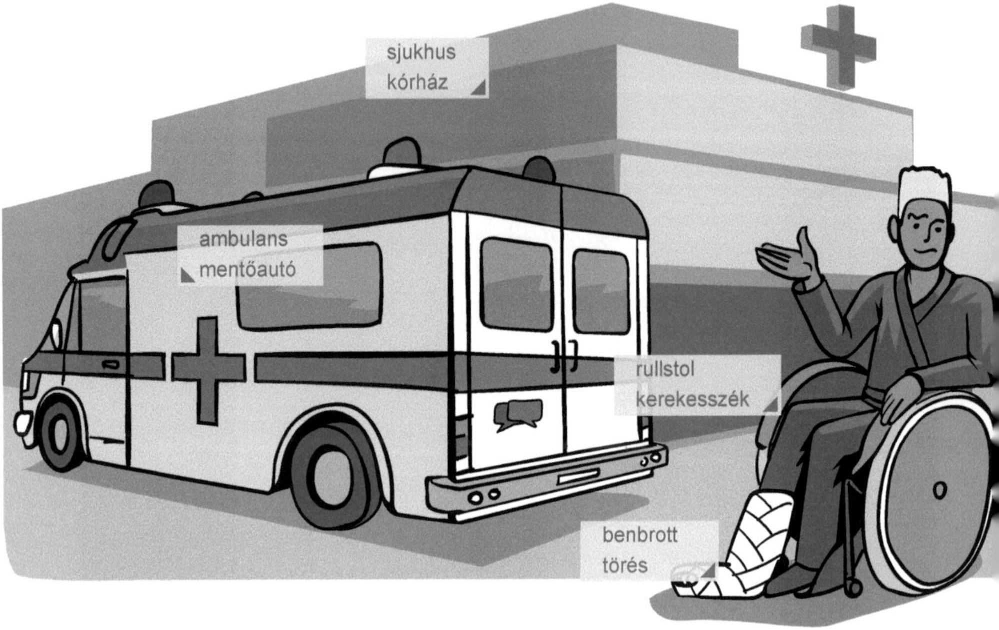

sjukhus
kórház
ambulans
mentőautó
rullstol
kerekesszék
benbrott
törés

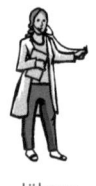

läkare

orvos

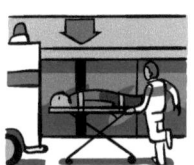

akutmottagning

sürgősségi osztály

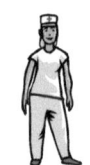

sjuksköterska

ápoló

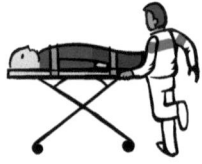

nödsituation

vészhelyzet

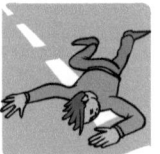

medvetslös

eszméletlen

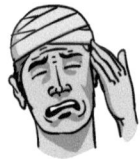

smärta

fájdalom

skada

sérülés

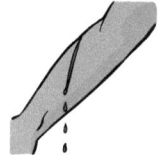

blödning

vérzés

hjärtattack

szívroham

slaganfall

szélütés

allergi

allergia

hosta

köhögés

feber

láz

influensa

influenza

diarré

hasmenés

huvudvärk

fejfájás

cancer

rák

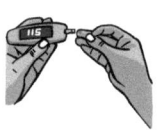

diabetes

cukorbetegség

kirurg

sebész

skalpell

szike

operation

műtét

CT

CT

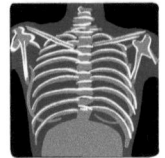

röntgen

röntgen

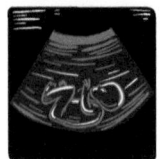

ultraljud

ultrahang

ansiktsmask

arcmaszk

sjukdom

betegség

väntsal

váróterem

krycka

mankó

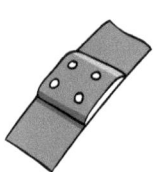

plåster

sebtapasz

bandage

kötszer

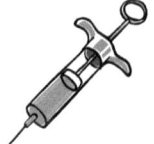

injektion

injekció

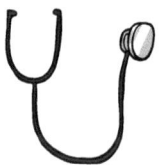

stetoskop

sztetoszkóp

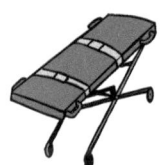

bår

hordágy

termometer

klinikai hőmérő

födsel

születés

övervikt

túlsúly

hörapparat

hallókészülék

desinfektionsmedel

fertőtlenítőszer

infektion

fertőzés

virus

vírus

HIV / AIDS

HIV/AIDS

medicin

orvosság

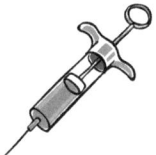

vaccination

oltás

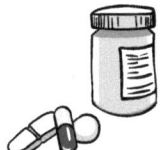

tabletter

tabletták

p-piller

tabletta

nödsamtal

sürgősségi hívás

blodtrycksmätare

vérnyomásmérő

sjuk / frisk

betegség / egészség

Hjälp!

Segítség!

alarm

riasztás

överfall

rajtaütés

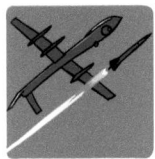

misshandel

támadás

fara

veszély

nödutgång

vészkijárat

Det brinner!

tűz!

brandsläckare

tűzoltókészülék

olycka

baleset

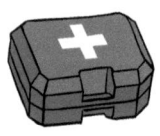

förbandslåda

elsősegélycsomag

SOS

SOS

polis

rendőrség

Europa

Európa

Nordamerika

Észak-Amerika

Sydamerika

Dél-Amerika

Afrika

Afrika

Asien

Ázsia

Australien

Ausztrália

Atlanten

Atlanti-óceán

Stilla Havet

Csendes-óceán

Indiska Oceanen

Indiai-óceán

Antarktiska Oceanen

Déli-óceán

Arktiska Oceanen

Jeges-tenger

Nordpol

Északi-sark

Sydpol

Déli-sark

Antarktis

Antarktisz

Jorden

föld

land

szárazföld

hav

tenger

ö

sziget

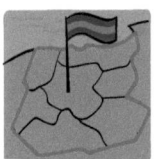

nation

nemzet

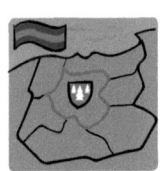

stat

állam

urtavla

számlap

timvisare

kismutató

minutvisare

nagymutató

sekundvisare

másodpercmutató

Vad är klockan?

Mennyi az idő?

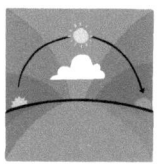

dag

nap

tid

idő

nu

most

digital klocka

digitális óra

minut

perc

timme

óra

vecka
hét

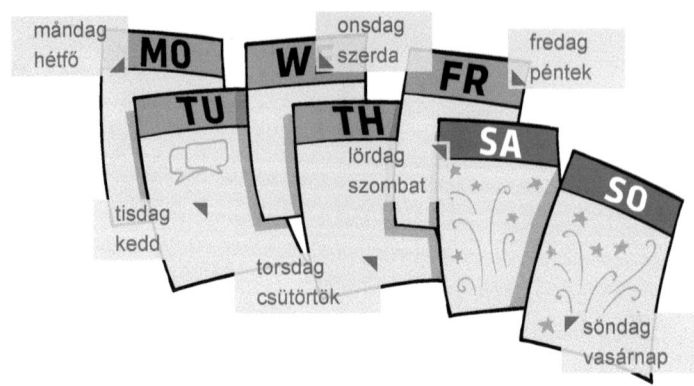

igår
....
tegnap

idag
....
ma

imorgon
....
holnap

morgon
....
reggel

middag
....
dél

kväll
....
este

MO	TU	WE	TH	FR	SA	SU
1	2	3	4	5	6	7
8	9	10	11	12	13	14
15	16	17	18	19	20	21
22	23	24	25	26	27	28
29	30	31	1	2	3	4

vardagar
....
hétköznap

MO	TU	WE	TH	FR	SA	SU
1	2	3	4	5	6	7
8	9	10	11	12	13	14
15	16	17	18	19	20	21
22	23	24	25	26	27	28
29	30	31	1	2	3	4

helg
....
hétvége

år
év

regn
eső
regnbåge
szivárvány
vind
szél
snö
hó
vår
tavasz
höst
ősz
sommar
nyár
vinter
tél

4.APRIL 11°
5.APRIL 4°
6.APRIL 13°
7.APRIL 8°
8.APRIL 10°

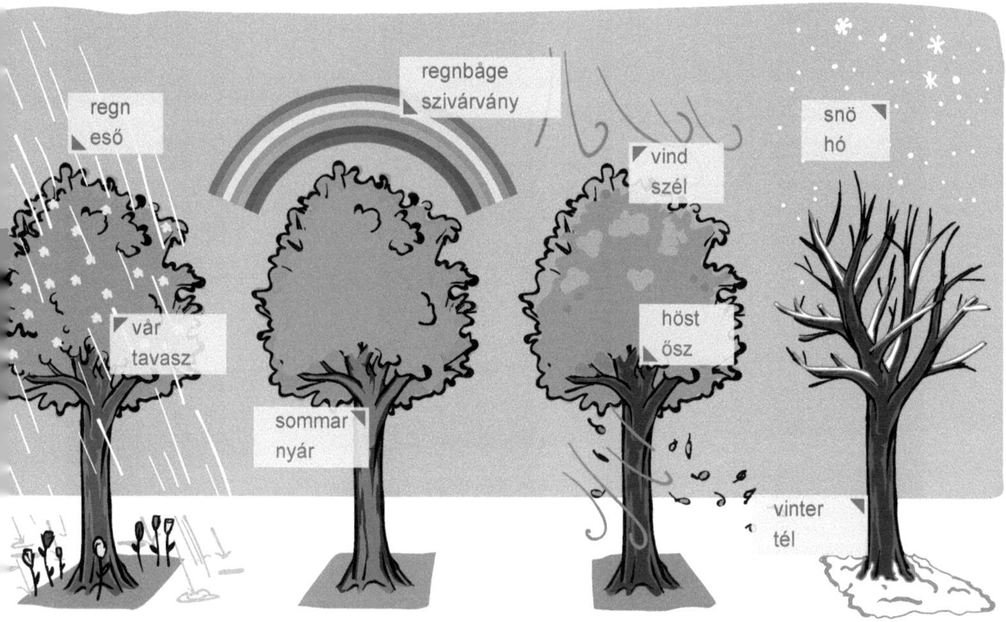

väderprognos
....
időjárás előrejelzés

F
C
120
90
60
30
0
-30
40
30
20
10
0
-10
-20

termometer
....
hőmérő

solsken
....
napsütés

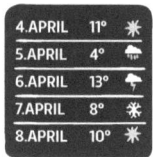

moln
....
felhő

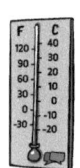

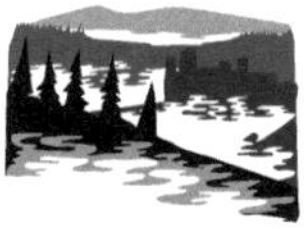

dimma
....
köd

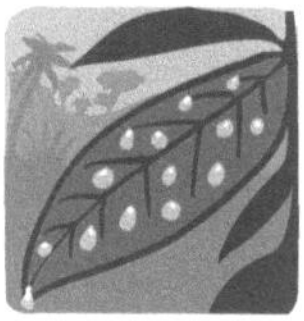

luftfuktighet
....
páratartalom

blixt

villámlás

åska

mennydörgés

storm

vihar

hagel

jégeső

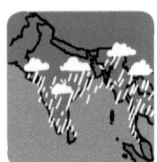

monsun

monszun

översvämning

áradás

is

jég

januari

január

februari

február

mars

március

april

április

maj

május

juni

június

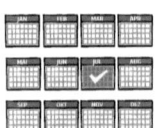

juli

július

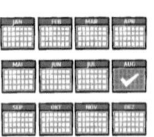

augusti

augusztus

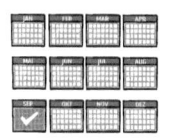

september
....
szeptember

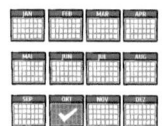

oktober
....
október

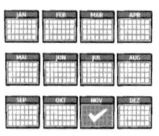

november
....
november

december
....
december

former

alakzatok

cirkel
....
kör

kvadrat
....
négyzet

rektangel
....
téglalap

triangel
....
háromszög

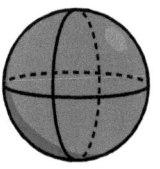

sfär
....
gömb

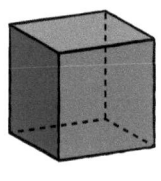

kub
....
kocka

vit

fehér

gul

sárga

orange

narancs

rosa

rózsaszín

röd

piros

lila

lila

blå

kék

grön

zöld

brun

barna

grå

szürke

svart

fekete

mycket / lite
....
sok / kevés

arg / lugn
....
mérges / nyugodt

vacker / ful
....
szép / csúnya

början / slut
....
kezdet / vég

stor / liten
....
nagy / kicsi

ljus / mörk
....
világos / sötét

bror / syster
....
fivér / nővér

ren / smutsig
....
tiszta / koszos

komplett / ofullständig
....
teljes / nem teljes

dag / natt
....
nappal / éjszaka

död / levande
....
halott / élő

bred / smal
....
széles / keskeny

ätlig / oätlig

ehető / nem ehető

ond / god

gonosz / kedves

upphetsad / uttråkad

izgatott / unott

tjock / smal

kövér / vékony

först / sist

első / utolsó

vän / fiende

barát / ellenség

full / tom

teli / üres

hård / mjuk

kemény / puha

tung / lätt

nehéz / könnyű

hunger / törst

éhség / szomjúság

sjuk / frisk

betegség / egészség

olaglig / laglig

illegális / legális

intelligent / dum

intelligens / buta

vänster / höger

bal / jobb

nära / långt bort

közel / távol

ny / begagnad

új / használt

inget / något

semmi / valami

gammal / ung

idős / fiatal

på / av

be / ki

öppen / stängd

nyitva / zárva

tyst / högljudd

csendes / hangos

rik / fattig

gazdag / szegény

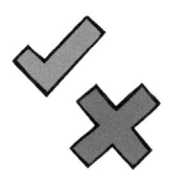

rätt / fel

helyes / helytelen

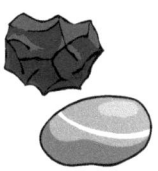

grov / slät

érdes / sima

ledsen / glad

szomorú / vidám

kort / lång

rövid / hosszú

långsam / snabb

lassú / gyors

våt / torr

nedves / száraz

varm / sval

meleg / hideg

krig / fred

háború / béke

0	**1**	**2**
noll	ett	två
nulla	egy	kettő

3	**4**	**5**
tre	fyra	fem
három	négy	öt

6	**7**	**8**
sex	sju	åtta
hat	hét	nyolc

9	**10**	**11**
nio	tio	elva
kilenc	tíz	tizenegy

12

tolv
tizenkettő

13

tretton
tizenhárom

14

fjorton
tizennégy

15

femton
tizenöt

16

sexton
tizenhat

17

sjutton
tizenhét

18

arton
tizennyolc

19

nitton
tizenkilenc

20

tjugo
húsz

100

hundra
száz

1.000

tusen
ezer

1.000.000

miljon
millió

engelska

angol

amerikansk engelska

amerikai angol

kinesisk mandarin

mandarin kínai

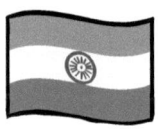

hindi

hindi

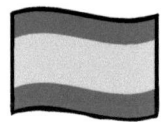

spanska

spanyol

franska

francia

arabiska

arab

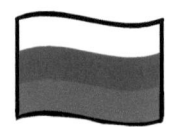

ryska

orosz

portugisiska

portugál

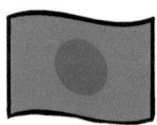

bengali

bengáli

tyska

német

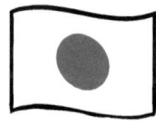

japanska

japán

jag

én

du

te

han / hon / den (det)

ö

vi

mi

ni

ti

de

ök

vem?

ki?

vad?

mi?

hur?

hogyan?

var?

hol?

när?

mikor?

namn

név

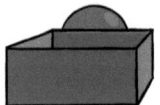

bakom
....
mögött

i
....
benne

framför
....
elötte

över
....
felette

på
....
rajta

under
....
alatta

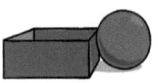

bredvid
....
mellett

mellan
....
között

plats
....
hely